Fabian Brand

Die Wunder Jesu
Neu erzählt & meditiert

FABIAN BRAND

Die Wunder Jesu

Neu erzählt & meditiert

benno

Bibliografische Information der Deutschen Nationalbibliothek
Die Deutsche Nationalbibliothek verzeichnet diese Publikation in der Deutschen Nationalbibliografie; detaillierte bibliografische Informationen sind im Internet über http://dnb.d-nb.de abrufbar.

ISBN 978-3-7462-5418-0

Umschlaggestaltung: Rungwerth Design, Düsseldorf
Umschlagabbildung: © Kushnirov Avraham/Fotolia
Gesamtherstellung: Kontext, Lemsel (A)

INHALT

WUNDERE DICH!

„Wunder gibt es immer wieder“, hat Katja Ebstein vor vielen Jahren gesungen und damit sogar den dritten Platz beim Eurovision Song Contest 1970 erreicht. Man könnte vielleicht sagen, es ist wenig einfallsreich, ein Buch über die Wunder Jesu mit eben jenem Zitat aus der Schatzkiste des deutschen Schlagers zu beginnen, denn sooft man über Wunder spricht, wird man unweigerlich an Katja Ebstein und ihr Lied erinnert, dessen Botschaft sogar ein bisschen arg platt ist.

Jedenfalls ist in den letzten Jahren und Jahrhunderten viel über die Wunder Jesu geschrieben und nachgedacht worden. Und es gab vor allem zahlreiche kritische Kommentare, dass man die Wundergeschichten gar nicht wörtlich verstehen könne und dass sie eigentlich nur Erfindungen der Evangelisten sind. Mit solchen Theorien haben sich Menschen im Laufe der Zeit beschäftigt und vor allem im Zuge der sogenannten „Leben-Jesu-Forschung“ viel Kritik geäußert. Bis heute hält die Diskussion um die Wundertaten Jesu an – und es ist gut, dass der theologische Diskurs in dieser Richtung noch nicht verstummt ist.

In diesem Buch jedenfalls geht es nicht um die Frage, inwieweit uns die biblischen Erzählungen Historisches überliefern oder nicht. Vielmehr konzentriere ich mich ganz und gar auf den Text, den wir in den Evangelien finden, und versuche, ihn auszulegen. Es geht mir darum aufzuzeigen, welchen Mehrwert wir Christen heute aus diesen uralten Geschichten herauslesen können. Auch wenn sich diese Wunder vor vielen, vielen Jahren irgendwo im Heiligen Land ereignet haben, so haben sie doch auch Bedeutung für unser Leben heute in unseren ganz eigenen Lebenskontexten. Dem möchte ich nachspüren und versuchen, das für die unterschiedlichen Wundergeschichten neu auszuarbeiten.

Für diesen Versuch habe ich eine Auswahl an Erzählungen über die Wunder Jesu übersetzt und betrachtet. Freilich gibt es hier keine vollständige Auslegung aller neutestamentlichen Wundergeschichten. Bei der Auswahl habe ich mich darum bemüht, möglichst unterschiedliche Wundererzählungen aufzugreifen und dabei alle vier Evangelien gleichermaßen zu berücksichtigen. Meine Auslegungen verfolgen nicht den Anspruch, den exakten Stand der exegetischen Forschung widerzuspiegeln. Auch die Übersetzungen der einzelnen Texte lassen so manche Fachdiskussion außer Acht. Bei der Wiedergabe der biblischen Texte geht es mir vor allem um eine wortgetreue Übersetzung aus dem griechischen Urtext. Manche Formulierung mag deshalb etwas sperrig und für unsere Ohren ungewohnt klingen. Aber es ist eben der Versuch, möglichst nah am originalen Textbestand zu bleiben. Wem meine Übersetzungen zu kantig sind, der kann bei der Lektüre des Buches auch auf eine selbst gewählte Bibelausgabe zurückgreifen und die Texte parallel zueinander lesen.

„Wunder gibt es immer wieder": Vielleicht mögen Sie diesem Satz auch allzu gerne einmal gründlich widersprechen. Denn eigentlich geschehen doch in unserem Leben nur wenige Wunder. So oft müssen wir zusehen, wie das Wunderbare ausbleibt und alles eben den gewohnten Lauf nimmt. Gibt es also keine Wunder mehr? Gehört die Erinnerung an die Wundertaten Jesu endgültig zu den Akten gelegt, als schöne Erinnerung an das, was einmal gewesen ist?

Bei der Auslegung der Wundergeschichten ist mir neu aufgegangen, wie wichtig der Glaube ist. Beinahe in keinem Bericht über ein Wunder Jesu fehlt das Element des Glaubens und des Vertrauens. Beides ist die Grundlage, damit überhaupt Wunder geschehen können. Das Wunderbare gibt es nicht einfach so, nicht als großartiges Spektakel oder als Beweis der göttlichen Kraft Jesu. Das Wunderbare gibt es nur aus dem tiefen Glauben, dass Jesus wirklich der Sohn Gottes ist, und im großen Vertrauen, dass Jesus das Wunder wirklich vollbringen kann. Ohne diese beiden Komponenten geht es nicht. Sie sind die unabdingbaren Voraussetzungen für die Wunder Jesu.

Im Glauben an Jesus kann man das Wunderbare wagen. Das kann die Botschaft der Lektüre der Wunder Jesu sein. Wer an Jesus glaubt und seinem Wort vertraut, der kann auch heute noch Wunder vollbringen. Vielleicht sind es nicht die großen, aufsehenerregenden Dinge, die man aus dem Glauben an Jesus tun kann. Aber es ist das Kleine, das Unscheinbare, mit dem beginnend man die Welt verändern kann.

Immer wieder warnt Jesus davor, nur an ihn zu glauben, weil man die Wunder gesehen hat, die er gewirkt hat. Aufgrund des Wunders zum Glauben zu kommen, scheint also der falsche Weg zu sein. Denn die Wunder rufen ja nur mehr Staunen hervor, Aufsehen, Bewunderung, und hinterlassen Fragezeichen beim Betrachter. Alleine aufgrund eines Wunders kommt man noch nicht zum Bekenntnis, dass Jesus wirklich der Christus, wirklich der Sohn Gottes ist. Es könnte ja auch ein billiger Zaubertrick dahinterstecken oder Jesus könnte nur ein Aufrührer, ein politischer Revolutionär sein. Wunder alleine machen noch keinen Glauben. Das ist die kritische Seite der Wundergeschichten, die sich aus den Erzählungen herauslesen lässt.

Vielmehr kann es nur andersherum gehen: erst

der Glaube, dann das Wunder. Das Vertrauen auf Jesus, der Glaube an sein Wort ist die Vorbedingung, damit das Wunderbare geschehen kann. Wo der Glaube an Jesus als den Christus fehlt – wie dies in Nazaret anscheinend der Fall ist (vgl. Mk 6,5) –, dort kann Jesus auch kein Wunder vollbringen. Ohne das Vertrauen, dass Jesus als der Messias wirklich ein Wunder wirken kann, muss alles beim Alten bleiben.

„Wunder gibt es immer wieder", singt Katja Ebstein und die Sängerin Nena fügt einige Jahre später hinzu: „Wunder geschehn, ich hab's gesehn." Und ja, es stimmt: Es gibt auch heute noch Wunder! Wenn wir den Mut aufbringen, im Glauben an Jesus unsere Welt und unseren Alltag zu verändern, dann kann sich vieles ereignen, was unsere Welt besser und schöner macht. Das alles freilich fängt im Kleinen an, nämlich wenn wir in unserem Leben nicht nur auf das vertrauen, was wir selbst für möglich halten, sondern uns auf das Unvorhersehbare und scheinbar Unmögliche einlassen. Dazu braucht es den Mut, größer zu denken, weiter zu sehen und sich nicht an die eigene Meinung zu klammern. Man muss schon das Wunderbare einrechnen, damit es überhaupt geschehen kann. Ein wundervolles Leben kann nur der erhalten, der auch an Wunder glaubt und weiß, dass sie sich ereignen können.

Mehr Vertrauen auf Jesu wundertätige Kraft und mehr Glauben daran, dass Wunder sich auch heute noch ereignen können: Vielleicht macht das den Lebensweg leichter und erfüllt ihn zugleich mit der Gewissheit, dass wir Gottes Nähe auch heute erfahren dürfen – vielleicht nicht in den großen Wundern, die von allerhand Medienrummel und öffentlichem Aufsehen begleitet werden. Vielleicht aber in den kleinen, alltäglichen Wundern, die uns einen kleinen Blick in die kommende Welt eröffnen und das Gottesreich in unserem Leben wachsen lassen. Dafür braucht es den aufmerksamen Blick, um diese Wunder zu entdecken, und den Glauben, dass wir mit Jesus über uns selbst hinauswachsen.

תל דן
TEL DAN
רשות הטבע והגנים

BEGEGNUNG MIT JESUS AUF DEM WEG –

Mt 9,18-26:
Die Heilung einer blutflüssigen Frau, Heilung der Tochter des Jairus

Während Jesus ihnen das erzählte, siehe, da kam ein Vorsteher, warf sich vor ihm nieder und sagte: Meine Tochter ist gerade eben gestorben; aber komm, lege ihr deine Hand auf und sie wird leben. Und Jesus stand auf und folgte ihm, er und seine Jünger.

Und siehe, eine Frau, die seit zwölf Jahren an unstillbaren Blutungen litt, näherte sich von hinten und berührte die Quaste seines Gewandes, denn sie sagte sich: Wenn ich nur sein Gewand berühre, so werde ich heil werden. Als Jesus sich umdrehte und sie erblickte, sagte er: Hab Mut, Tochter. Dein Glaube hat dich heil gemacht. Und geheilt war die Frau von jener Stunde an.

Und als Jesus in das Haus des Vorstehers kam und die Flötenspieler und die lärmende Menge sah, sagte er: Geht weg, denn das Mädchen ist nicht gestorben, sondern es schläft. Und sie lachten ihn aus. Als die Menschenmenge hinausgetrieben war, ging er hinein und nahm die Hand des Mädchens und es stand auf. Und diese Kunde verbreitete sich in der ganzen Umgegend.

Wer träumt nicht davon, seinem Idol einmal ganz nahe zu kommen? Oft will man gar nicht viel Zeit mit ihm oder ihr verbringen, sondern es reicht schon, den gefeierten Superstar einmal hautnah zu erleben oder ihm gar die Hand zu schütteln. Was tun richtige Fans nicht alles, um zu ihrem Idol zu gelangen! Lange Autofahrten und Flüge werden in Kauf genommen, man bezahlt teure Eintrittskarten, um dann den Star doch nur ganz weit aus der Ferne zu sehen. Wöchentlich füllen sich die Fußballstadien in ganz Deutschland, weil die Fans meinen, es gäbe nichts Besseres, als das Spiel live im Stadion zu verfolgen und hautnah dabei zu sein. Bei Konzerten kann man oft hinterher in der Zeitung lesen, die Besucher seien in Tränen ausgebrochen, weil es so ergreifend war.

Sogar bei uns in der Kirche gibt es derartige Bemühungen. Wer möchte denn nicht einmal dem Papst die Hand schütteln oder ihm zumindest ganz nahe kommen? Auch hier versuchen Menschen immer wieder alles Mögliche, um den Heiligen Vater zu umarmen und ihn aus der Nähe

zu sehen. In Rom gibt es seit vielen Jahren den Brauch, dem Papst ein neues weißes Scheitelkäppchen zu überreichen. Bei der Audienz nimmt es meistens der Sekretär in Empfang und tauscht es dann gegen jenen Pileolus aus, den der Heilige Vater gerade trägt. So kommt man, wenn man Glück hat, an ein ganz besonderes Souvenir und kann dann sozusagen ein „Stück vom Papst" mit nach Hause nehmen.
Solche Anstrengungen gibt es nicht nur heute, sondern die gab es schon in der Antike. Das Evangelium von der Heilung der blutflüssigen Frau berichtet uns von einer solchen Begebenheit. Es ist eine Wundergeschichte, die auf dem Weg passiert. Sie wird als Einschub so ganz nebenbei erzählt. Denn eigentlich geht es ja in diesem Abschnitt aus dem Matthäusevangelium um die Auferweckung des Töchterchens des Synagogenvorstehers. Diese wird für einen Augenblick unterbrochen, um die Heilung der blutflüssigen Frau zu schildern. Es passt irgendwie zu dieser Frau, dass ihre Geschichte nur so nebenbei erzählt wird. Denn auch sie selbst möchte kein großes

Aufheben um sich und ihre eigene Krankheitsgeschichte machen. Sie sagt sich, dass es reicht, Jesus einmal ganz nahe zu kommen, nur die Quaste seines Gewandes zu berühren. Dann kann sie heil werden. Auch sie möchte sich gar nicht großartig mit Jesus unterhalten, denn sie schämt sich für ihre Krankheit. Und so kämpft sie sich durch die Menge durch, berührt Jesus am Rand seines Gewandes und das Wunder geschieht: Die Frau wird von ihrem Leiden geheilt.

Es ist der große Glaube der Frau, der sie gesund macht. Der Glaube, der ihr sagt: Es reicht, den Zipfel des Gewandes zu berühren, um durch die Kraft Jesu, des Erlösers, gesund zu werden. Sie möchte Jesus nicht besitzen, ihn nicht für sich alleine haben. Sie weiß ja, dass das nicht geht. Und sie braucht es auch gar nicht. Denn ihr Glaube sagt ihr, es ist genug, Jesus nachzufolgen. Es braucht diesen beinahe ehrfürchtigen Abstand zu ihm trotz des Verlangens, ihm ganz nahe zu sein. Vielleicht tut es gut, unsere eigene Sehnsucht nach Jesus einmal wieder in den Blick zu nehmen und uns selbst zu fragen: Wie sehr brauche

ich denn Jesus überhaupt? Reicht mir ein kleines Stückchen, ein Wort, von ihm schon aus, um aus ihm leben zu können? Oder möchte ich immer mehr und immer Größeres und Jesus am liebsten völlig besitzen? Die Frau im Evangelium weiß, dass Letzteres nicht geht. Der wahre Glaube schöpft aus dem Kleinen und macht aus dem ganz unscheinbaren das Allergrößte. Hier reicht es aus, den Zipfel des Gewandes Jesu zu berühren, denn das ist mehr wert, als Jesus ganz zu besitzen.
Man muss nicht unbedingt dem Papst die Hand geben oder sein Scheitelkäppchen besitzen. Als Christen bekommen wir es in jedem Gottesdienst mit viel Größerem zu tun. In den unscheinbaren Zeichen von Brot und Wein ist Christus selbst in unserer Mitte, kommt er uns ganz nahe. Wir dürfen ihn empfangen, ihm begegnen. Christus selbst kommt zu uns, ist in unserer Mitte. Er schenkt sich hin für uns in Brot und Wein, und zwar nicht nur ein Stückchen, sondern ganz und gar. Im Kleinen liegt das Größte: In einem Stück Brot erkennen wir den Heiland der Welt, unseren Herrn, Jesus Christus. Bei ihm dürfen wir sein, er

lädt uns ein, ihm nahezukommen. Dazu müssen wir uns nichts Großartiges einfallen lassen, dazu müssen wir keine großen Kosten oder Mühen auf uns nehmen. Es genügt, Gottesdienst zu feiern, das Gedächtnis seines Leidens, seines Sterbens und seiner Auferstehung. Hier kommt er zu uns, hier schenkt er sich uns hin.
Es ist das große Geheimnis unseres Glaubens, dass Christus, der auferstandene Herr, bei uns ist. Zu ihm dürfen wir kommen mit unseren Leiden, mit unserer Krankheit, mit unseren Sorgen und Nöten. Wer ihn in Brot und Wein empfängt, der kann gesund werden, der erfährt Heilung. Die Begegnung mit Christus schenkt uns neuen Mut und lässt uns neue Lebenswege einschlagen. Es genügt, ihm nahe zu sein. Mehr braucht es nicht, aber auch nicht weniger.

MIT DEN AUGEN DES GLAUBENS AUF JESUS BLICKEN –

Mt 9,27-34: Die Heilung zweier Blinder und eines Stummen

Und als Jesus von dort fortging, folgten ihm zwei Blinde, die schrien und sagten: Erbarme dich unser, Sohn Davids.
Als er aber ins Haus kam, traten die Blinden an ihn heran und Jesus sagte: Vertraut ihr darauf, dass ich dies tun kann? Sie sagten: Ja, Herr.
Er berührte ihre Augen und sagte: Gemäß eurem Vertrauen geschehe euch. Und die Augen wurden ihnen geöffnet. Und Jesus fuhr sie an und sagte: Seht zu, dass es niemand erfährt. Sie aber gingen hinaus und machten ihn in der ganzen Gegend bekannt.
Als sie hinausgingen, siehe, da brachte man einen stummen Menschen zu ihm, von einem unreinen Geist besessen. Und als der Dämon ausgetrieben war, redete der Stumme. Und die Menge

staunte und sagte: Noch nie hat man so etwas in Israel gesehen. Einige Pharisäer aber sagten: Mit dem Anführer der Dämonen treibt er die Dämonen aus.

„Ich sehe was, was du nicht siehst“ heißt ein Spiel, das vor allem bei Kindern sehr beliebt ist. Um das Spiel ein bisschen zu erschweren, betrachtet man nicht die offensichtlichsten Dinge. Vielmehr legt man das Augenmerk auf Kleinigkeiten und Details. Sie lassen sich nur schwer erraten und machen es den anderen beinahe unmöglich, das betreffende Objekt zu finden. Es ist daher nicht nur ein Spiel für die Kleinsten, sondern auch für Erwachsene, denn es schärft den Blick für das scheinbar Unbedeutende und das, was wir leicht übersehen.

Die beiden Blinden, denen Jesus auf seinem Weg begegnet, können mit diesem Spiel nicht viel anfangen. Sie können nicht sehen, sie können die Welt um sich herum nicht mit ihren Augen wahrnehmen. Dadurch wissen sie nur aus Erzählungen von der Schönheit der Natur. Beide sind blind, aber die Sehnsucht drängt sie, sehen zu können. Sie wollen endlich die Welt mit eigenen Augen betrachten, die großen und bedeutenden Dinge, aber eben auch die Kleinigkeiten und Details. Sie wollen heil sein, ganz

zur Gesellschaft gehören, in das normale, alltägliche Leben integriert sein. Das ist ihr Wunsch, den sie nachdrücklich äußern, als sie Jesus begegnen.
„Ich sehe was, was du nicht siehst": Die beiden Blinden freilich sehen gar nichts – und doch sehen sie auf eine eigentümliche Weise viel mehr als die Normalsehenden. Denn es ist nicht nur die wundertätige Kraft Jesu, die die beiden heilt, sondern es ist zunächst einmal ihr Glaube. „Vertraut ihr darauf, dass ich dies tun kann?", fragt sie Jesus. Die Heilung geschieht nicht automatisch, nicht auf Knopfdruck oder gar auf Befehl. Geheilt werden kann nur, wer an Jesus glaubt und auf seine göttliche Kraft vertraut. Das ist die eindeutige Botschaft, die die Erzählung von der Heilung der Blinden für uns bereithält. Ohne Glauben, ohne Vertrauen gibt es keine Heilung.
Die beiden Blinden sehen mehr: Sie erkennen in Jesus nicht nur irgendeinen Propheten oder einen dahergelaufenen wundertätigen Menschen. Sie sehen, wer Jesus wirklich und wahrhaftig ist. Das bekennen sie ganz offen, wenn sie ihn an-

sprechen als „Sohn Davids“ und „Herr“ zu ihm sagen. Mit dieser Anrede stellen sie Jesus in die Heilshoffnung des Alten Testaments. Jesus ist der verheißene Messias, der aus dem Stamm Davids hervorgeht. Das ist zugleich ein Bekenntnis zu seiner Gottessohnschaft. Die beiden Blinden erkennen, wer Jesus ist. Sie sehen in ihm etwas, das die Umstehenden nicht erkennen. Die Pharisäer beispielsweise können Jesus nicht als den Messias bekennen. Ihre Augen sind gehalten, sie sehen nur das, was sie sehen wollen. Die Blinden aber sehen tiefer, ihre Augen sehen mehr – obwohl sie eigentlich überhaupt nichts sehen. Und so können die beiden auch ganz offen Jesus ihr Vertrauen und ihren Glauben aussprechen, weil sie wissen, dass Jesus sie wirklich heilen kann, dass der Messias die Kraft hat, ihnen die Augen zu öffnen.
Im „Kleinen Prinzen“ von Antoine de Saint-Exupéry steht der viel zitierte Satz: „Man sieht nur mit dem Herzen gut, das Wesentliche ist für die Augen unsichtbar.“ Das gilt gerade für die beiden Blinden im Evangelium. Mit dem Herzen sehen

sie tiefer, erkennen sie in Jesus den Herrn und Heiland, den Messias der Welt. Auch wir sollten uns nicht nur darauf verlassen, was wir mit den Augen sehen. So vieles überfliegen wir schnell und meinen, alles gesehen zu haben und uns eine Meinung bilden zu können. Und dabei nehmen wir oft nur das Oberflächliche wahr. Der Blick des Glaubens aber geht vom Herzen aus. Mit ihm können wir mehr entdecken, mit ihm sehen wir, wie unsere Mitmenschen wirklich sind. Auch Jesus, den Herrn, können wir nur mit dem Herzen erkennen, weil das Wesentliche eben nicht mit den Augen erfasst werden kann, sondern nur in der vertrauenden Begegnung. Sie aber heilt alle Wunden, sie öffnet uns die Augen und lässt uns die Welt anders sehen.

„Ich sehe was, was du nicht siehst": Wenn wir unsere Mitmenschen und unsere Umwelt mit dem Herzen anschauen, dann erblicken wir Dinge, die vielen verborgen sind. Teilen wir sie ihnen mit! Machen wir kein Ratespiel daraus, was oder wen wir im anderen erkennen, sondern geben wir freimütig Zeugnis von unserem Glauben, der im anderen immer das Gute sieht und ihn als Geschöpf Gottes anerkennt. Und blicken wir mit dem Herzen auf Jesus und erkennen wir ihn ihm den Sohn Davids, den Messias, den Mensch gewordenen Sohn Gottes!

DER BESCHWÖRER VON ABERGEISTERN –

Mk 1,29-39: Jesus in Kafarnaum

Und sofort, als sie aus der Synagoge herausgingen, kamen sie zum Haus des Simon und des Andreas mit Jakobus und Johannes. Aber die Schwiegermutter des Petrus lag mit Fieber darnieder und sofort redeten sie über sie. Und er ging zu ihr, weckte sie auf, ergriff die Hand und das Fieber verließ sie und sie bediente sie. Als es Abend geworden war, als die Sonne untergegangen war, trug man zu ihm alle im schlechten Zustand Befindlichen und von Dämonen Besessenen und die ganze Stadt war bei der Tür versammelt. Und er heilte viele, die sich in schlechtem Zustand befanden, von vielerlei Krankheit und er trieb viele Dämonen aus. Und er ließ nicht zu, dass die Dämonen redeten, denn sie kannten ihn. Und früh, als es noch Nacht war, stand er auf und ging an einen einsamen Ort, um dort zu beten. Und Simon und die mit ihm waren, liefen ihm nach und fanden ihn und sagten zu ihm: Alle suchen dich. Und er sagte ihnen: Lasst uns anderswo hingehen, in die benachbarten Dörfer, damit ich auch dort verkündige, denn dazu bin ich gekommen. Und er ging und verkündete in ihren Synagogen in ganz Galiläa und er trieb die Dämonen aus.

Kennen Sie auch solche Tage? Tage, an denen man sich abends gelassen hinsetzen kann, weil man viel erreicht und geschafft hat. Tage, an denen man einfach zufrieden und glücklich sein kann, weil es unerwartete und schöne Überraschungen gab. Tage, an denen man sich nicht zu grämen braucht, weil der Ausblick in die Zukunft so rosig ist. Solche Tage, die gibt es tatsächlich – vielleicht nicht allzu häufig, aber es gibt sie. Und es gab sie auch schon damals: Denn von einem solchen „perfekten Tag" im Leben Jesu berichtet uns Markus in seinem Evangelium. Es wird erzählt, dass Jesus beinahe am laufenden Band Kranke heilt, Dämonen austreibt und das Evangelium verkündet. Ein typischer Tag im Leben Jesu also. Einer, der angefüllt ist mit dem, was Jesus wichtig ist. Nach einem solchen Tag kann sich Jesus auch gelassen zurückziehen und im Gebet dem Vater all das anvertrauen, was er an diesem Tag erleben durfte.

Ganz zentral in diesem Abschnitt aus dem Markusevangelium ist die Tatsache, dass Jesus Krankheiten heilt und Dämonen austreibt. Das ist scheinbar sein alltägliches Geschäft, denn davon hören wir immer wieder im Evangelium. Während uns Krankheiten nur allzu gut bekannt sind, haben wir modernen Menschen mit Dämonen eher weniger am Hut. Der Theologe Fridolin Stier hat deshalb in seiner Bibelübersetzung anstelle von Dämonen den Begriff „Abergeister" gebraucht. Und ich meine, dadurch wird etwas klarer, was man sich unter Dämonen vorstellen kann: diese Abergeister eben, die es auch in unserem Leben noch zuhauf gibt, die das Leben manchmal belasten und schwer machen. Sie sagen uns: Aber du musst doch ..., aber du sollst doch ..., aber du darfst doch nicht ... Mit ihrem Aber trüben sie die Freude des Lebens und schränken das Leben selbst mehr und mehr ein. Bei allem, was man tut, schwingt immer ein Aber mit. Abergeister rauben den Lebensmut und die Lebensfreude. Bei all dem Schönen, das man tun könnte, erinnern sie einen daran, dass es noch anderes gibt, das vielleicht vorrangig zu erledigen wäre. Und so schwingt bei allem das Aber mit: Aber du darfst dir jetzt keine Pause gönnen, aber du musst doch

noch das und das machen, aber du darfst doch nicht einfach rastlos herumsitzen. Abergeister und Krankheiten schränken das Leben ein und machen es beinahe unerträglich. Wer unter ihnen leidet, der kennt eigentlich das wirkliche Leben gar nicht, denn das Aber engt das Leben ein.
Wenn erzählt wird, wie Jesus Krankheiten heilt und Abergeister austreibt, dann schenkt er den Menschen ihren Lebensraum zurück. Er befreit sie von dem, was ihr Leben schwer und manchmal unerträglich macht. Er gibt ihnen Mut und Freude zurück, er nimmt ihnen dieses ständige Aber. Und er gibt ihnen das, was das Leben reich und schön macht: Er gewährt ihnen Lebensraum, weil er selbst Leben in Fülle ist. Die Botschaft, die Jesus verkündet, ist eine zutiefst befreiende. Sie führt die Menschen in die Weite des Lebens. Die Königsherrschaft Gottes, die Jesus ankündigt, ist verbunden mit einem Sieg über diese bösen Mächte. Die Abergeister haben keine Chance mehr, denn das Leben in Gott ist frei von solchen Einschränkungen. Das Wort Jesu, die Botschaft des Evangeliums, ist heilend. Sie zeugt von der

nahe gekommenen Gottesherrschaft, von einem Leben, das wirklich Leben ist. Von einem Leben, in dem es keine Krankheiten und Abergeister mehr gibt; von einem Leben, dem nicht einmal mehr der Tod eine Grenze setzen kann.
Was aber ist mit unserem Leben? Wie kann unser Leben heute frei werden von Abergeistern? Wie können wir heute dieses Leben erlangen, das Jesus den Menschen damals geschenkt hat? Vielleicht geht das ganz einfach. Schauen wir nochmals auf den Tag Jesu, den uns Markus beschreibt. Ganz am Beginn, einige Verse vor unserem heutigen Evangelium, steht ein zentraler Satz Jesu: „Die Zeit ist erfüllt, und das Reich Gottes ist nahe herbeigekommen. Kehrt um und glaubt an das Evangelium!“ (Mk 1,15). Diese Aussage steht im Hintergrund dessen, was im Folgenden erzählt wird. Und damit gilt es auch uns: Heilung von Abergeistern und Rückkehr zum wirklichen Leben kann auch uns heute geschenkt werden, wenn wir Umkehr wagen, auf das Evangelium hören und von ihm her leben. Wenn wir die Weite und Güte Gottes, von der die Evangelien erzäh-

len, nicht nur hören, sondern sie leben und im eigenen Leben erfahren: Dann sind wir frei von Abergeistern und Krankheiten, dann dürfen wir ein Leben spüren, das grenzenlos und schrankenlos ist. Leben in Fülle eben, das denen zuteilwird, die das Wort Gottes in ihr Leben einlassen.

DURCH DEN GLAUBEN KOMMT BEWEGUNG INS LEBEN –

Mk 2,1-12: Die Heilung eines Gelähmten

Und als er nach Tagen wieder nach Kafarnaum hineinging, hörte man, dass er im Haus sei. Und es versammelten sich so viele, dass nicht einmal mehr bei der Tür Platz war, und er redete zu ihnen das Wort. Und sie kamen und sie brachten einen Gelähmten – getragen von vieren. Und weil sie ihn wegen der Menge nicht zu ihm bringen konnten, deckten sie, wo er war, das Dach ab und gruben es auf und ließen die Trage herab, worauf der Gelähmte lag. Und als Jesus ihren Glauben sah, sagte er zu dem Gelähmten: Kind, deine Sünden sind dir vergeben. Dort saßen aber einige der Schriftgelehrten und sie überlegten in ihren Herzen: Wie kann dieser so reden? Er lästert; wer sonst kann Sünden vergeben außer einem – Gott? Und sofort, als Jesus in seinem Geist erkannte, dass diese solches bei sich überlegten, sagte er zu ihnen: Was überlegt ihr solches in euren Herzen? Was ist leichter: zum Gelähmten zu sagen: „Deine Sünden sind dir vergeben“ oder zu sagen: „Steh auf und nimm deine Trage und geh herum“? Damit sie aber wussten, dass der Menschensohn die Vollmacht hat, Sünden zu vergeben auf der Erde, sagte er zu dem Gelähmten: Ich sage dir, steh auf, nimm deine Trage und geh in dein Haus. Und er stand auf und sofort nahm er seine Trage und ging vor allen hinaus, sodass alle außer sich gerieten und Gott priesen und sagten: So etwas haben wir noch nie gesehen.

Bewegung ist das A und O, hieß es kürzlich in einer Zeitschrift, in der es allerlei Tipps zur Verbesserung der eigenen Gesundheit gab. Freilich wissen wir, dass wir uns bewegen müssen, dass man nicht nur in einer Ecke sitzen und warten kann. Bewegung ist gut und wichtig, damit man fit bleibt. „Wer rastet, der rostet", sagt bekanntermaßen eine alte Weisheit. Und da ist durchaus auch ein Körnchen Wahrheit dabei: Wenn man sich aufgrund einer Verletzung oder einer Krankheit länger nicht bewegen konnte, muss man seine ursprüngliche Leistungsfähigkeit erst langsam wieder aufbauen.

Um Bewegung geht es auch in der Erzählung von der Heilung eines gelähmten Mannes in Kafarnaum. Sie ist eine der ersten Wundererzählungen im Markusevangelium und vielleicht sogar eine der schönsten. Der Kranke, der zu Jesus gebracht wird, möchte sich wieder bewegen können. Er ist es leid, immer nur auf seiner Bahre zu liegen und auf die Hilfe anderer angewiesen zu sein. Er will selbstständig gehen, selber seinen Lebensweg beschreiten. Aufgrund seiner Lähmung ist das alles nicht möglich. Immer braucht es die anderen, die

ihn tragen und von da nach dort bringen. Eigenständiges Leben sieht anders aus.
Bewegung kommt auf, als der Kranke nicht zu Jesus gebracht werden kann, weil so viele andere Menschen ihn belagern. Sie alle haben von ihm gehört, sie alle möchten von ihm geheilt werden. Nicht nur der Gelähmte selbst weiß um seinen Wunsch nach Heilung, auch die, die ihn hintragen, kennen seine Sehnsucht, wieder gehen zu können. Sie tun alles Menschenmögliche, um den Gelähmten zu Jesus bringen – sogar das Dach des Hauses decken sie ab und lassen ihn auf seiner Tragbahre zu Jesus hinab.
Dieser Glaube beeindruckt Jesus und er heilt den Kranken von seinen Leiden, er löst die Fesseln des Gelähmten und fortan kann der Mann selbstbestimmt durchs Leben gehen. Das Wunder ist vollbracht, der Mann verlässt das Haus und die Umstehenden staunen über das Große, das Jesus gewirkt hat.
Die Begegnung mit dem Mann aus Nazaret heilt den Gelähmten. Er kann sich nicht mehr bewegen, als er Jesus aufsucht. Und umso freier ist er,

als er das Haus des Meisters auf eigenen Beinen wieder verlässt. Mit Jesus kommt Bewegung in sein Leben. Fortan führt der Gelähmte ein anderes Leben, eines, in dem Gott eine große Rolle spielt. Denn schließlich ist er es, durch dessen Kraft der Gelähmte geheilt wurde.

Die Begegnung mit Jesus bringt auch Bewegung in unser Leben. Christsein ist nichts Passives, ist nichts, was man einfach so geschehen lassen kann. Zum Christsein gehört auch dazu, selbst aktiv zu werden und dem Glauben, den man besitzt, „Beine zu machen". Es ist wichtig, das Evangelium nicht nur zu hören, sondern es auch selber zu verkünden. Und ebenso muss man die christlichen Werte, die uns Jesus vorgelebt hat, auch selbst mit Leben erfüllen. Es reicht nicht aus, es sich in der Kirchenbank schön gemütlich zu machen und sich eine angenehme Wohlfühlatmosphäre mit Orgelmusik, Kerzen und Weihrauch zu schaffen. Bewegung ist das A und O – das gilt nicht nur für den menschlichen Körper, sondern ganz besonders auch für den Leib Christi. Die Begegnung mit Christus löst unsere Fesseln und

beendet unsere Lähmungen. Wer sich auf Jesus einlässt und zu ihm kommt, der bekommt neuen Schwung in seinem Leben. Der kann fortan anders und verändert leben.
Mit Jesus kommt Bewegung ins Leben. Nicht nur weil er uns aus den Lähmungen des Lebens befreit und herausreißt, sondern auch weil das Bekenntnis zu Jesus Christus immer neu unseren Einsatz und unser Mittun erfordert. Wer mit Jesus durch das Leben geht, der kann sich nicht einfach in eine Ecke setzen und warten, bis das Reich Gottes endlich kommt. Man muss schon selber aktiv werden und die Mitmenschen zur Begegnung mit Jesus einladen. Die Männer im Evangelium haben sogar das Dach des Hauses in Kafarnaum abgedeckt, um den Gelähmten mit Jesus in Berührung zu bringen. So sind auch wir gefordert, unseren Mitmenschen die Begegnung mit Jesus zu ermöglichen. Er ist es, der Bewegung in unser Leben bringt, und wir sind es, die diese Bewegung aufnehmen müssen, damit sie sich im Leben immer weiter fortsetzt.
„Predige das Evangelium, und wenn nötig, dann

sogar mit Worten", so hat es der heilige Franziskus von Assisi einmal gesagt. Und vielleicht ist damit die Botschaft von der Heilung des Gelähmten auf den Punkt gebracht. Denn das Weitersagen der Frohen Botschaft, das Preisen Gottes alleine mit Worten, reicht nicht. Man muss sich schon die Bewegung erhalten, die Jesus ins eigene Leben bringt, und sie weitergeben. Man muss sich aufraffen und den Mitmenschen die Begegnung mit Jesus ermöglichen – selbst wenn es die größte Anstrengung kostet.

„GEISTERSTUNDE“ IN KAFARNAUM –

Mk 1,21-28: Die Heilung des Besessenen in der Synagoge von Kafarnaum

Und sie gingen nach Kafarnaum hinein. Und sofort am Sabbat ging er in die Synagoge hinein, um zu lehren. Und sie gerieten außer sich über seine Lehre, denn er war einer, der lehrte, wie einer, der Vollmacht hat, und nicht wie die Schriftgelehrten.

Und sofort war in ihrer Synagoge ein Mensch mit einem unreinen Geist und schreiend sagte er: Was ist zwischen uns und dir, Jesus, Nazarenischer? Bist du gekommen, um uns zu vernichten? Ich weiß, wer du bist: der Heilige Gottes. Und Jesus herrschte ihn mit den Worten an: Schweige und verlasse ihn! Und der unreine Geist riss ihn umher und mit lauter Stimme brüllend verließ er ihn. Und sie alle gerieten in Furcht, sodass sie miteinander stritten und sagten: Was ist dies?

Eine neue Lehre mit Vollmacht. Und den unreinen Geistern gebietet er und sie gehorchen ihm. Und die Kunde von ihm ging sofort hinaus in das ganze Umland von Galiläa.

Zu jedem ordentlichen Schloss gehört auch ein richtiges Gespenst, hat einmal ein Schlossbesitzer gesagt. Er meinte, mit irgendwelchen Tricks und kleinen Raffinessen den Besuchern des Schlosses immer wieder einen ordentlichen Schreck einjagen zu müssen, sodass sie den Eindruck erhielten, hier spuke es wirklich. Doch anstelle eines Gespenstes war es eben nur ein kleiner Luftzug oder das Kettengeklapper vom Band, das sie erschreckte. Manch einer hat dann schon einen Geisterjäger beauftragt, um dem Spuk ein Ende zu bereiten. Diese selbst ernannten Geisterjäger kommen mit allerlei kuriosem Gerät und versuchen, mit dem Übernatürlichen Kontakt aufzunehmen und die Gespenster zu vertreiben. Doch auch das ist nur fauler Zauber, wie eben auch so mancher Geist nur ein reines Hirngespinst ist.
Ob auch Jesus sich zu den Geisterjägern zählen würde, wage ich stark zu bezweifeln. Aber das Zeug dazu hätte er jedenfalls, wie die Perikope aus dem ersten Kapitel des Markusevangeliums zeigt. Sie erzählt uns, wie Jesus in der Synagoge von Kafarnaum einen unreinen Geist austreibt

und somit ein sichtbares Zeichen seiner göttlichen Vollmacht setzt.
Den Männern war damals in Kafarnaum sicherlich zum Fürchten zumute. Das, was sich da ereignet, übersteigt ihre Vorstellungskraft. Der Geisterglaube war in der Antike weitverbreitet und so manchem Kranken attestierte man, von einem unreinen Geist besessen zu sein. Was sich da in der Synagoge abspielt, ist auf den ersten Blick also gar nichts Ungewöhnliches. Erst als sich der Dialog zwischen dem Geist und Jesus entspinnt, müssen die Menschen wohl merken, dass hier irgendetwas nicht stimmt. Plötzlich wird der unbekannte Mann aus Nazaret als „Heiliger Gottes" angesprochen. Und der vom Geist besessene Mensch wird auf den Befehl Jesu hin geheilt. Großes geschieht in der ärmlichen Synagoge im kleinen Dörfchen Kafarnaum; ein seltsames und denkwürdiges Ereignis.
Die Erzählung von der Geistaustreibung am Sabbat in Kafarnaum lässt viele Fragen offen. Wir erfahren nicht, was Jesus überhaupt in der Synagoge lehrt. Und auch die Reaktion derer, die diese Wor-

te Jesu mit anhören, wird nur vage beschrieben. Das erste Wunder, das uns das Markusevangelium überliefert, lässt ganz unterschiedliche Ansätze zu, wie man es verstehen und auslegen kann. Da ist einerseits die Konzentration auf die Person Jesu und seine Identität. Hier befinden wir uns noch ganz am Anfang des öffentlichen Wirkens Jesu und seiner Predigttätigkeit in Galiläa. Die Menschen kennen ihn noch nicht. Die meisten haben noch nie von ihm gehört. Wer er ist, das freilich wissen viele Leute – oder glauben es zu wissen – und kommentieren es abschätzig: ein einfacher Zimmermannssohn aus dem Dörfchen Nazaret. Umso erstaunlicher ist es, wenn der Schleier um die Person Jesu schon in den ersten Versen des Markusevangeliums gelüftet wird. „Du bist der Heilige Gottes", wird Jesus vom unreinen Geist angesprochen. Den Umstehenden ist also klar, wer hier in ihrer Mitte spricht. Es ist nicht irgendeiner, es ist nicht der Hinterwäldler, der aus dem kleinen Kaff in Obergaliläa stammt. Es ist der „Heilige Gottes". Und damit ist auch klar: Die Lehre, die er verkündet, ist eine gött-

liche Lehre. Es sind nicht nur beeindruckende Worte, die Jesus gebraucht, sondern das, was er sagt, hat seinen Grund in Gott selbst. Es ist Gottes Botschaft, die Jesus den Menschen nahebringt.
An zentraler Stelle heißt es, dass Jesus den unreinen Geist aus dem Menschen austreibt. Nicht einmal die Reaktion des Geheilten beschreibt uns Markus. Und doch wird deutlich: Der, der da in der Synagoge auftritt und eine neue Lehre verkündet, handelt auch mit göttlicher Vollmacht. Er treibt die Dämonen aus, er heilt die Menschen von ihren Krankheiten und Leiden. Diese unreinen Geister, die einen Menschen befallen, die sind uns heute auch gar nicht so fremd. Es müssen nicht die Gespenster sein, die in den Burgen und Schlössern ihr Unwesen treiben. Unreine Geister, die wohnen in jedem von uns. Es sind jene Kräfte, die uns blockieren und das menschliche Zusammenleben belasten. Von jenen Geistern befreit uns die Begegnung mit Jesus. Er versucht nicht, sie mit allerlei Mitteln zu vertreiben, wie es die selbst ernannten Geisterjäger tun. Jesus verwandelt die Geister in „gute Geister", er weckt

die Kraft in uns, die uns neuen Aufschwung gibt und neue Horizonte eröffnet.
Am Ende steht das Lob Gottes, das Staunen über seine großen Taten und das Weitersagen dessen, was der Geheilte am eigenen Leib erfahren durfte. Die wunderbare Verwandlung der Geister ist ein Geschenk, das Jesus für jeden bereithält, der zu ihm kommt. Doch man darf dieses Wunder nicht für sich behalten. Es drängt hinaus, man muss erzählen, was man erlebt hat. Nur wenn man immer wieder davon erzählt, wie die Begegnung mit Jesus die eigenen Geister, die einen gefangen halten, verwandelt hat, bleibt es kein fauler Zauber. Dann ist es keine schreckliche Gespenstergeschichte mehr, sondern Zeugnis für das Reich Gottes, das schon heute angebrochen ist und dessen Auswirkungen jeder und jede am eigenen Leib erfahren darf.

DIE JÜNGER IN SEENOT –

Mk 4,35-41:
Die Stillung des Seesturms

Am Abend dieses Tages sagte er zu ihnen: Lasst uns zum anderen Ufer hinüberfahren. Sie schickten die Menschenmenge fort und nahmen ihn, wie er war, im Boot mit. Auch andere Boote waren bei ihm. Plötzlich erhob sich ein heftiger Wirbelsturm, die Wellen warfen sich auf das Boot, sodass es sich mit Wasser füllte. Er selbst aber war hinten im Boot auf einem Kopfkissen und schlief. Also weckten sie ihn und sagten: Lehrer, kümmert es dich nicht, dass wir umkommen? Da stand er auf, drohte dem Wind und sagte zu dem See: Schweig, gib Ruhe! Und der Wind legte sich und es trat völlige Stille ein. Er sagte zu ihnen: Warum habt ihr Angst? Habt ihr noch keinen Glauben? Und da ergriff sie große Furcht, und sie sagten zueinander: Was ist das für einer, dass ihm sogar der Wind und der See gehorchen?

„Warum habt ihr Angst?
Habt ihr noch keinen Glauben?“

Seenotrettungsübungen muss man im Normalfall keine absolvieren, wenn man ins Heilige Land reist. Es sei denn, man kommt mit dem Kreuzfahrtschiff und legt zum Beispiel im Hafen von Haifa an. Selbst wenn man mit einem der Fischerboote den See Genesareth überqueren möchte, muss man als normaler Pilger keine Angst haben. Der See Genesareth ist kein Ozean, auch wenn ihn der Evangelist Johannes immer wieder als das „Galiläische Meer" bezeichnet. Und doch: Nicht immer ist der See so ruhig, wie es am Ufer aussieht. Oft gibt es draußen auf dem offenen Wasser ziemlich hohe Wellen und man wird nicht selten sehr nass bei einer solchen Überfahrt. Vielleicht kommt dem einen oder anderen dann der Gedanke, es wäre besser gewesen, man hätte am Anfang der Schifffahrt eine solche Seenotrettungsübung absolviert.
Auch die Jünger Jesu wissen scheinbar nicht, wie sie sich im Ernstfall verhalten sollen. Rettungswesten haben sie keine an Bord, als ihr Kahn im Sturm zu versinken droht. Aber die brauchen sie ja auch gar nicht, denn sie haben Jesus bei sich.

Zumindest meinen sie, er könne sie doch aus der brenzligen Situation retten. Doch sie merken, dass er seelenruhig schläft und dass ihn die Situation überhaupt nicht stört. Als sie ihn wecken, da tut er das, was er eben tun muss: Er stillt den Seesturm und rettet das Leben der Jünger.

Dieses Schiffchen, das auf dem See Genesareth im Sturm zu sinken droht, ist auch ein Bild für unser Leben. Allzu oft werden wir in den Stürmen des Lebens hin und her geworfen. Wir wissen nicht, ob wir diese Bootsfahrt überleben werden und ob wir heil am anderen Ufer ankommen. Die Wogen des Lebens schlagen oft so hoch, dass wir den Horizont nur noch vage erahnen können. Es ist der Kampf ums Überleben, in dem wir uns gerade noch so über Wasser halten. Die Bootsfahrt über das Meer des Lebens ist nicht immer die ruhige und angenehme Kreuzfahrt. Es gibt eben auch Stürme, die das Boot beinahe zum Sinken bringen. Und es geht bis zur Angst um die eigene Existenz, weil man sich gar nicht so sicher ist, ob man überhaupt lebendig aus diesem Sturm herauskommt.

Gerade in den unruhigen Zeiten des Lebens rettet uns der Blick auf Christus. Er ist es ja, der mit uns durch dieses Leben geht. In ihm ist Gott Mensch geworden, damit wir Menschen seine Nähe an allen Tagen des Lebens erfahren. Und doch sind es besonders die stürmischen Zeiten, in denen wir Jesus allzu oft vermissen. Wir warten darauf, dass er uns endlich rettet, aber nichts passiert. Keiner, der uns zu Hilfe kommt. Keine göttliche Macht, die uns wieder in ruhigere Fahrwasser bringt. Stattdessen immer wieder die Frage: Ist Jesus überhaupt da? Geht Gott wirklich mit mir durch dieses Leben? Und wenn ja, warum greift er gerade jetzt, wo es mir so schlecht geht, nicht ein? Oder, um es mit den Jüngern zu sagen: „Kümmert es dich nicht, dass wir umkommen?"
Das Beruhigende an der Geschichte von der Stillung des Seesturmes ist doch, dass Jesus mit im Boot ist. Auch wenn er schläft, kann den Jüngern nichts geschehen, denn der Meister ist da, und allein diese Präsenz verheißt ihnen Rettung. Das gilt auch für unser Leben: Oft erfahren wir Gottes Nähe und sein Dasein nicht aktiv. Oft meinen

wir, er weiß nicht um unsere brenzlige Situation, er kenne unsere Sorgen nicht. Und doch ist er da, selbst und gerade in den ausweglosen Tagen unseres Lebens. Das ist die Gewissheit, die uns durch dieses Leben begleitet: Gott ist da, er ist der „Ich bin da“. Wir dürfen darauf vertrauen, dass wir in seiner Hand geborgen sind, dass er uns durch dieses Leben führt, da er uns mit seiner Gegenwart beschenkt. Auch wenn uns die Angst beschleicht, in den Stürmen des Lebens unterzugehen: Gott ist da. Er wird uns retten, so wie er das Volk Israel immer neu aus der Not heraus ins Leben geführt hat. Glauben wir daran, dann wird unser Leben gut werden.
Es ist ganz gut, bei jeder Schifffahrt eine Seenotrettungsübung mitzumachen. Denn dann weiß man, wie man im Ernstfall reagieren muss, wo die Rettungsboote sind und wie man die Rettungsweste richtig anlegt. Und so ist es für unser Leben wohltuend, immer wieder nach den Spuren Gottes Ausschau zu halten und seine Gegenwart in unserem Alltag zu entdecken. Dann wissen wir wenigstens, wenn wir einmal in Seenot geraten

sollten: Wir sind nicht allein gelassen, denn er ist wirklich da. Er wird es auch diesmal gut machen. Er trägt und hält unser Leben – gerade in den stürmischen Zeiten sind wir ganz fest in seiner Hand geborgen.

CHRISTLICHES LEBEN OHNE FRÜCHTE –

Mk 11,12-14.20-25: Die Verfluchung des Feigenbaumes

Und am nächsten Tag, als sie von Betanien herkamen, hatte Jesus Hunger. Und von Weitem sah er einen Feigenbaum voller Blätter und er kam, ob er wohl etwas an ihm fände, und als er hinkam, fand er nichts außer Blätter. Denn es war keine Zeit für Feigen. Und er antwortete und sprach zu ihm: Bis in Ewigkeit soll niemand mehr eine Frucht essen. Und seine Jünger hörten es. (...)
Und als sie am frühen Morgen vorbeikamen, sahen sie den Feigenbaum bis zu den Wurzeln verdorrt. Und Petrus erinnerte sich und sagte zu ihm: Rabbi, sieh doch, der Feigenbaum, den du verflucht hast, ist verdorrt. Und Jesus antwortete und sagte zu ihnen: Habt Glauben an Gott. Amen, ich sage euch, jeder, der zu diesem Berg sagt: Werde hinweggehoben und ins Meer gestürzt, und in seinem Herzen nicht zweifelt, sondern glaubt, dass

geschieht, was er sagt, dann wird es geschehen. Darum sage ich euch: Alles, worum ihr betet und bittet, glaubt, dass ihr es erhaltet, und ihr werdet es erhalten. Und wenn ihr hingeht, um zu beten, vergebt, wenn ihr etwas gegen jemanden habt, damit auch euer Vater in den Himmeln euch eure Verfehlungen vergibt.

Strafe muss sein! Das zumindest ist ein Grundsatz in der Erziehung, wie er wohl seit Hunderten von Jahren angewandt wird. Wer etwas anstellt oder Unfug treibt, der darf nicht ungestraft davonkommen, sondern der muss für sein Tun geradestehen. Das gilt nicht nur für die Kindererziehung, es ist auch in unserem Rechtsstaat ein notwendiges Instrument. Wer gegen Recht und Gesetz verstößt, der muss mit Sanktionen und Konsequenzen rechnen, denn schließlich ist jeder für sein eigenes Tun verantwortlich.
Strafe muss sein: Das gilt scheinbar auch für den Feigenbaum, von dem uns das 11. Kapitel des Markusevangeliums berichtet. Auf den ersten Blick ein seltsamer Text, der den Hörer oder Leser mit vielen Fragen zurücklässt. Es ist auch deshalb ein außergewöhnlicher Text, weil es das einzige Strafwunder Jesu ist, das uns die synoptischen Evangelien überliefern. Eine sperrige Erzählung, bei der es sich durchaus lohnt, sie einmal im Detail zu betrachten.
Da wird uns zunächst von einem Feigenbaum erzählt, der keine Früchte trägt. Für den Gärtner

oder den Bauer ist das natürlich ein Unding: Ein Baum, der keine Früchte hervorbringt, der ist unnütz, den kann man getrost fällen. Dieser Gedanke allerdings wird relativiert durch den Einschub des Evangelisten „Es war nämlich nicht die Zeit der Feigen“. Kann man also dem Baum überhaupt einen Vorwurf machen? Er kann ja schließlich nicht das ganze Jahr voller Feigen hängen, sondern eben nur zu einer bestimmten Jahreszeit. Ist also das Verhalten Jesu letztlich völlig unbegründet? Entspringt seine jähzornige Reaktion seinem Unwissen über Landwirtschaft und Biologie? Es ist jedenfalls ein seltsamer Widerspruch, der uns hier geschildert wird. Wenn der Baum auch zur höchsten Erntezeit keine Frucht getragen hätte, dann hätte man das Verhalten Jesu vielleicht noch verstanden. Aber so? Man kann nicht jemanden bestrafen für eine Sache, für die er überhaupt nichts kann. So zumindest liegen scheinbar die Dinge in diesem Fall. Eine eigenartige Geschichte, wenn man sie einmal bis hierhin gelesen hat. Wir können das Verhalten Jesu nicht immer einwandfrei erklären. Wir können immer nur versuchen, aufgrund der Texte, die uns überliefert sind, sein Leben und Wirken zu deuten und zu verstehen. Und vielleicht erhellt sich diese Geschichte von der Verfluchung des Feigenbaumes erst, wenn man sie im Lichte des gesamten Lebens und Wirkens Jesu betrachtet.

Jesus ist auf dem Weg von Betanien nach Jerusalem, er befindet sich an der Schwelle hin zu den Tagen seines Leidens und Sterbens. Im Kontext dieser von einer Endzeitstimmung geprägten Woche steht diese Erzählung. Sie lässt sich also nicht unbedingt verstehen, wenn man sie nur als bittere Reaktion des enttäuschten Jesus begreift. Vielmehr lässt sie sich erst aus dem größeren Zusammenhang heraus als prophetische Zeichenhandlung deuten. Dann steht sie eng zusammen mit den Wehe-Rufen, die Jesus bereits in Galiläa über die Städte Kafarnaum, Chorazin und Betsaida äußert. Die Verfluchung erfolgt deshalb, weil der Verkünder des nahe gekommenen Gottesreiches vehement abgelehnt wird und die erwarteten Früchte der Gottesherrschaft dementsprechend ausbleiben. Das „Wehe" Jesu ist dann als

Ausdruck seiner Enttäuschung zu begreifen und als letzte Ermahnung an die Einwohner der angesprochenen Städte, sich doch noch zum Glauben an das Evangelium zu bekehren. Vielleicht kann man die Geschichte vom Feigenbaum, die sich im Anblick Jerusalems ereignet, ebenso verstehen: als Aufforderung an die Heilige Stadt, den zu ihr gesandten Propheten nicht abzulehnen, sondern sich doch noch aufzuraffen und ihn mit offenen Ohren und Herzen aufzunehmen. Wer nicht die erwartete Frucht bringt, der muss verdorren und zugrunde gehen, wie es der Feigenbaum tut.
Man kann die Erzählung des Markusevangeliums aber auch so lesen: Das Bild des Feigenbaums ist eine Ermahnung an uns Christen, eine Aufforderung an alle, die sich zu Christus bekennen und aus dem Wort des Evangeliums leben. Gerade wir sind es, die die Früchte des Gottesreiches hervorbringen müssen. Und zwar nicht nur an einigen bestimmten Monaten im Jahr, sondern an jedem Tag. Ein christliches Leben, das sich zwar mit schönen Worten schmückt, bei dem aber letztlich die Früchte ausbleiben, das taugt nichts. Die

Früchte müssen immer da sein – ob es nun Zeit zur Ernte ist oder nicht. Und wenn dem eben nicht so ist, dann kann der Baum getrost verdorren, denn mehr ist er nicht wert. Auch so kann man die Geschichte des Feigenbaums auslegen: als eine Ermahnung an die Leser des Evangeliums, sich nicht seines Heiles allzu gewiss zu sein, sondern immer wieder daran zu denken, wie wichtig es ist, auch die Früchte des Gottesreiches hervorzubringen. Und das nicht nur, wenn es uns eben gerade passt und gelegen kommt. Diese Früchte müssen bei uns immer zu ernten sein, an allen Tagen des Jahres, unser ganzes Leben lang.

„Habt Glauben an Gott", ermutigt Jesus seine Jünger. Das Wort Jesu gilt auch uns heute, denn dieser Glaube ist es, der uns immer wieder reiche Frucht hervorbringen lässt. Wenn wir aus diesem Glauben unser Leben gestalten, dann gibt es bei uns reichlich zu ernten. Dann ist unser ganzes Leben Erntezeit.

EREMOS
HEPTA-PEGON

ÜBERVOLLE NETZE DURCH ÜBERGROSSEN GLAUBEN –

Lk 5,1-11: Der wunderbare Fischfang

Es geschah aber, dass die Volksmenge ihn bedrängte und das Wort Gottes hörte und er selbst stand am See Genesareth. Und er sah zwei Boote, die am See lagen. Die Fischer waren ausgestiegen und wuschen ihre Netze. Und er stieg in eines der Boote, das dem Simon gehörte, und bat ihn, vom Land ein wenig hinauszufahren. Er setzte sich und vom Boot aus lehrte er die Volksmenge. Als er aber aufgehört hatte zu reden, sagte er zu Simon: Fahr hinaus ins Tiefe und lasst eure Netze zum Fang hinunter. Und Simon antwortete und sagte: Meister, die ganze Nacht haben wir uns abgemüht und nichts gefangen. Auf dein Wort hin aber werde ich die Netze hinunterlassen. Und als sie das getan hatten, fingen sie eine große Menge an Fischen, die Netze waren am Zerreißen. Und sie winkten den Fischern im anderen Boot, damit sie kämen und ihnen beim Fangen helfen. Und sie kamen und sie füllten beide Boote, sie waren am Sinken. Als aber Simon Petrus das sah, fiel er zu Jesu Füßen nieder und sagte: Geh hinaus von mir, denn ich bin ein sündiger Mann, Herr. Furcht hatte ihn gepackt und alle, die bei ihm waren, ob der Fische, die sie gefangen hatten, außerdem auch Jakobus und Johannes, Söhne des Zebedäus, die Gefährten Simons waren. Und Jesus sagte zu Simon: Fürchte dich nicht. Von nun an wirst du Menschen fangen. Und als sie die Boote ans Land gezogen hatten, verließen sie alles und folgten ihm.

Man soll nicht alles glauben: Das ist ein gut gemeinter und wichtiger Ratschlag, den man im Leben gerne und oft befolgt. Man soll nicht alles glauben – und ganz besonders nicht, wenn es am 1. April in der Zeitung steht. Denn da hat sich schon so mancher Zeitungsredakteur einen Scherz erlaubt und mit einer spaßigen Falschmeldung für Empörung, Verwirrung oder einfach nur Lachen gesorgt. In Zeiten, in denen wir zunehmend mit „Fake News" oder sogenannten „alternativen Fakten" konfrontiert werden, ist das aber manchmal gar nicht mehr lustig. Da ist man selbst auf den Plan gerufen, Aussagen auf ihre Stichhaltigkeit und Wahrhaftigkeit hin zu überprüfen. Manchmal übernehmen das jetzt schon die „Faktenchecker", die einem damit das Leben erleichtern wollen. Aber es gilt nach wie vor und vielleicht heute sogar im Besonderen: Man soll nicht alles glauben. Man soll lieber erst einmal skeptisch bleiben und selbstkritisch prüfen, bevor man auf irgendeinen billigen Trick hereinfällt.

Einen solchen „Faktenchecker" hätte sich vielleicht auch Simon Petrus gewünscht, als er plötzlich mit diesem Aufruf Jesu konfrontiert wird: „Fahrt hinaus und lasst eure Netze hinunter zum Fang." „Was soll das bedeuten?", fragen sich die Fischer. Immerhin waren sie schon die ganze Nacht auf dem See unterwegs und ihre Netze sind leer geblieben. Und jetzt kommt einer dahergelaufen und behauptet irgendwas. Man soll nicht alles glauben, hat auch Simon Petrus als Ratschlag schon oft gehört. Soll man die Worte des Fremden in den Wind schlagen und so tun, als hätte man sie einfach nicht gehört? Soll man das, was er gesagt hat, ignorieren? Schließlich lässt sich Simon auf Jesus ein und sie fahren noch einmal hinaus auf den See Genesareth. Und plötzlich werden die Netze voll, und zwar übervoll, sodass die Netze fast zerreißen und kaum mehr ins Boot eingeholt werden können.

Beim wunderbaren Fischfang geht es um den Glauben. Weil Simon sich einlässt auf Jesu Wort, kann das Wunder erst gelingen, können die Netze voll werden. Freilich ist es erst einmal der Zweifel, der sich anmeldet, als Jesus Simon und den anderen seinen Befehl erteilt: Wir haben doch schon die ganze Nacht gefischt und nichts gefangen. Das heißt: Es ist doch sinnlos, jetzt noch einmal hinauszufahren. Es bringt doch nichts, jetzt nochmals die Netze auszuwerfen, denn der See ist doch wie leer gefischt. Aber letztlich ist Simons Glauben an Jesu Wort größer als all diese Einwände. Da braucht es keinen „Faktenchecker", der herausfiltert ob die Worte Jesu der Wahrheit entsprechen oder irgendein billiger Trick sind. Weil es Jesus sagt, ist es wahr. Auf ihn ist Verlass, ihm kann man glauben und blind vertrauen. Das werden die Jünger auf ihrem langen Weg mit Jesus noch mehrmals erfahren dürfen.

Jesus kann man glauben, seinem Wort kann man vertrauen. Das ist es doch, was man aus dieser wunderbaren Geschichte herauslesen kann. Natürlich gibt es die Einwände, die man immer wieder bringen kann: Aber wir haben es doch schon versucht, aber wir wissen es doch besser, aber es bringt doch sowieso nichts. All diese Sätze kommen uns oft genug über die Lippen, weil wir eben skeptisch sind und nicht alles glauben, was andere uns vorsetzen. Wir verbauen uns die Zukunft dadurch letztlich selbst, weil wir überhaupt nicht mehr den Mut aufbringen, einen neuen Anlauf zu nehmen. Wir wollen immer erst alles absichern und nachprüfen, ob es wirklich stimmt. Und dabei merken wir gar nicht, wie wir unser Leben selbst schon in den dunkelsten Farben ausmalen und von vornherein nicht an einen Erfolg glauben. Das alles ist gut und schön und es gehört wohl zu unserem Menschsein dazu. Aber viel weiter bringt uns doch der Glaube an Jesu Wort und das Vertrauen auf das, was er immer neu zu uns sagt.

Er ermuntert uns, über unseren eigenen Schatten zu springen und nicht aufzugeben. Er fordert uns auf, endlich weiterzusehen und die neuen Perspektiven zu erkennen. Das ist wichtig und wohltuend: Jesu Wort reißt uns heraus aus unserem immer gleichem Trott. In so vielen Situationen klammern wir uns an uns selbst und an unsere eigenen Entwürfe vom Leben. Jesus sagt uns, dass es mehr gibt: mehr Zukunftspläne, mehr Perspektiven, mehr Leben. Dieses Mehr können wir in unserem Leben ausfindig machen, wenn wir uns

an sein Wort klammern. Dann werden die Netze voll, dann wird es gut werden.
Man soll nicht alles glauben, was über Jesus gesagt wird. Auch über ihn und sein Wirken kursieren allerhand „Fake News". Dass er mit Maria aus Magdala ein Kind hatte zum Beispiel oder dass er gar nicht wirklich am Kreuz gestorben sei. All das sind freilich Falschmeldungen, die nichts mit der Realität zu tun haben. Aber man soll alles glauben, was Jesus sagt. Denn seine Worte sind voller Geist und Leben und führen uns zum Leben. Seinem Wort vertrauend können wir ein neues Leben wagen, können wir erst wirklich zum Leben finden, denn er ist ja unser Leben.

KLAGE IN TANZEN, TRÄNEN IN FREUDE –

Lk 7,11-17: Die Auferweckung des Jünglings aus Nain

Und es geschah einige Zeit später, dass Jesus in eine Stadt namens Nain ging, seine Jünger und eine große Menschenmenge begleiteten ihn. Als er sich nun dem Stadttor näherte, siehe, da wurde ein Toter herausgetragen, der einzige Sohn seiner Mutter, die Witwe war. Eine große Menschenmenge aus der Stadt war bei ihr. Und als der Kyrios sie sah, hatte er tiefes Mitleid mit ihr und sagte zur ihr: Weine nicht mehr! Und er trat hinzu und berührte den Sarg.

Diejenigen aber, die ihn trugen, blieben stehen, und er sagte: Junger Mann, ich sage dir, steh auf! Und der Tote setzte sich auf und begann zu sprechen und Jesus gab ihn seiner Mutter.

Alle wurden von Ehrfurcht ergriffen und lobten Gott und sagten: Ein großer Prophet ist unter uns auferstanden und Gott hat sein Volk besucht. Und dieses Wort über ihn verbreitete sich in Judäa und in der ganzen Umgegend.

„Tränen lügen nicht" hat der Schlagerstar Michael Holm vor vielen Jahren einmal gesungen. Und irgendwie hat er damit auch recht: Tränen sind eben Ausdruck einer bestimmten Emotion und lassen sich nicht einfach so vortäuschen oder gar erzwingen. Tränen fließen bei Freude ebenso wie bei Trauer, bei Überraschungen, aber auch wenn man vor Angst nicht mehr weiterweiß. Außenstehende wissen dann oft nicht, was sie tun sollen. Nicht immer braucht man Trost, manchmal weint man auch, weil der Moment so schön ist und man ihn einfach nur festhalten möchte. Tränen lügen nicht: Sie weisen auf bestimmte Emotionen hin und zeigen an, dass sich Menschen gerade in einer eigentümlichen Situation befinden.

Tränen fließen auch bei der Frau, von der uns das Lukasevangelium erzählt. Keine Freudentränen freilich, sondern Trauertränen. Ihr Sohn, ihr einziger, ist gestorben. Das alleine ist schon schlimm, aber die Situation wird noch dramatischer geschildert, denn die Frau ist Witwe. Ihr ganzer Lebensunterhalt, ihr ganzer Halt in der Gesellschaft ist plötzlich verschwunden. Sie weiß nicht mehr, wie es weitergehen soll. Wenn man ins Alte Testament blickt, dann erkennt man sehr bald, dass Witwen geradezu beispielhaft für finanzielle und wirtschaftliche Not stehen. Besonders die Waisen und Witwen sind arm und hilfsbedürftig, sie können nicht mit eigener Hände Arbeit ihr Brot verdienen, sondern sind immer auf wirtschaftlichen und rechtlichen Beistand angewiesen. Die Frau aus Nain hat mit dem Tod ihres Sohnes ihren letzten Rückhalt verloren. Jetzt muss sie alleine sehen, wie sie durchs Leben kommt. Das alles lässt sie weinen, denn es ist verständlich, dass sie diese ganze Situation überfordert.

Doch die Not der Witwe wird gelindert. Jesus selbst ist es, der ihr befiehlt: „Weine nicht mehr!" Das ist ein seltsamer Aufruf, dem die Frau scheinbar gar nicht wirklich nachkommen kann. Man kann ja in einer solchen Lage der Trauer nicht von einem Moment auf den anderen einfach die Tränen abstellen. Die Trauer ist ein langer Prozess. Es dauert, bis der Tod des Sohnes verwunden ist. Aber nicht so bei Jesus. Er sieht die Not der

Frau und wird von ihr angerührt. Ausdrücklich schreibt Lukas, dass Jesus tiefes Mitleid mit der Witwe von Nain empfunden hatte. Jesus blickt die Frau an und sieht ihre Trauer, ihre Not, ihre Ängste und Sorgen. Er lässt sich von ihrem unsäglichen Elend ergreifen. Und er ist es schließlich auch, der die Tränen der Frau trocknen kann, weil er ihren Sohn vom Tod auferweckt und somit auch ihr selbst neues Leben schenkt.

„Du hast mein Klagen in Tanzen verwandelt, mein Trauergewand hast du gelöst und mich umgürtet mit Freude", heißt es im 30. Psalm. Im Vertrauen auf Gottes barmherzige Liebe und Güte werden die Trauertränen in Freudentränen verwandelt. Jesus sieht das Leid der Frau und verwandelt es in Freude. Das ist zugleich auch eine Zusage an uns und unser Leben: Wir dürfen uns anschauen lassen von Jesus. Wir dürfen ihm unsere Tränen hinhalten und glauben, dass er sie abwischt und verwandelt. Jesus sieht unser Leben und er lässt sich von unserer Not ergreifen. Der Mensch gewordene Gott geht nicht unberührt am Leid der Menschen vorüber. Er wird von ihm

im Innersten ergriffen und angerührt. Das ist die frohe Botschaft, die man aus der Totenerweckung des jungen Mannes von Nain herauslesen kann: Jesus sieht die Menschen an und verwandelt ihre Trauer in Freude.
Wir kennen die Schaufrömmigkeit, die sich vor allem im Mittelalter in unserer Kirche entwickelt hat. Wir schauen den Gekreuzigten an, wir knien vor dem ausgesetzten Allerheiligsten und betrachten Jesus in der Gestalt des Brotes. Aber schauen wir nicht nur auf Christus, sondern leben wir auch in dem Gefühl, dass Christus auch auf uns blickt! Dass er auch unser Leben ansieht, dass er unsere Tränen erkennt und uns das Freudengewand überstülpt. Alle Tage leben wir in seiner Gegenwart und wir dürfen gewiss sein, dass unsere Not ihn anrührt. Schauen wir nicht nur auf Christus, sondern lassen wir uns auch von ihm anschauen! Wir müssen unser Leid und unsere Not nicht vor ihm verbergen. Vielmehr dürfen wir es ihm gerade hinhalten, aussprechen, was uns bewegt und bedrückt, und darauf vertrauen, dass er es annimmt und verwandelt.

„Tränen lügen nicht“, aber wir Menschen sagen manchmal die Unwahrheit, wenn wir nicht damit rausrücken wollen, warum wir in manchen Momenten weinen. Bei Christus müssen wir uns nicht verstellen. Bei ihm dürfen wir so sein, wie wir sind, mit unseren Fehlern und Schwächen, mit unseren Sorgen und unserem Leid. Er sieht unsere Tränen und er weiß schon längst, was ihr Grund ist, noch bevor wir es selbst so genau wissen. Und er besitzt die Kraft, Tränen zu trocknen und Trauer in Freude zu wandeln. Vertrauen wir uns ihm an, halten wir ihm unsere Wunden und Tränen hin im Glauben daran, dass er sie sieht und sie heilt.

FESTFREUDE OHNE ENDE –

Joh 2,1-11: Die Wandlung von Wasser zu Wein bei der Hochzeit zu Kana

Und am dritten Tag fand eine Hochzeit in Kana in Galiläa statt und die Mutter Jesu war dabei, auch Jesus und seine Jünger waren zur Hochzeit eingeladen. Und als der Wein ausgegangen war, sagte die Mutter Jesu zu ihm: Wein haben sie nicht. Und es sagte Jesus zu ihr: Was ist zwischen dir und mir, Frau? Meine Stunde ist noch nicht gekommen! Es sagt seine Mutter den Dienern: Was immer er euch sagt – tut! Es waren aber dort sechs steinerne Wasserkrüge gemäß dem Reinigungsbrauch der Juden aufgestellt, die je zwei oder drei Metren fassten. Es sagte ihnen Jesus: Füllt die Wasserkrüge mit Wasser! Und sie füllten sie randvoll. Und er sagte ihnen: Schöpft jetzt und bringt den Speisemeister! Da brachten sie. Als der Speisemeister das Wasser, das zu Wein geworden war, gekostet hatte und er wusste nicht, woher es ist – die Diener aber, die das Wasser geschöpft hatten, wussten es –, rief der Speisemeister den Bräutigam und sagte zu ihm: Jeder Mensch setzt zuerst den guten Wein vor und wenn sie dann betrunken sind, den geringeren. Du aber hast den guten Wein bis gerade eben bewahrt! Diesen Anfang der Zeichen setzte Jesus in Kana, in Galiläa, und er offenbarte seine Herrlichkeit und seine Jünger begannen an ihn zu glauben.

„Kaffeehochzeiten" werden immer beliebter. So sagt man im Volksmund etwas abschätzig zu jenen Hochzeiten, bei denen die kirchliche Trauung erst am Nachmittag stattfindet. Für die zur Feier geladenen Gäste gibt es dann kein Mittagessen, sondern eben nur Kaffee und Kuchen sowie ein Abendessen. Vielerorts wird das als Sparversion einer Hochzeit betrachtet. Immerhin muss man bei einem solchen Anlass doch richtig feiern und das einen ganzen Tag lang. Nur am späten Nachmittag dann nach dem Gottesdienst noch Kaffee und Kuchen, das ist für viele ein bisschen zu wenig.

Ganz anders war es in früheren Zeiten. Da wurde die Hochzeit noch richtig ausgiebig gefeiert, da war es noch ein wirklich großes und ausschweifendes Fest. Immer wieder gerne hat meine Oma erzählt, wie viele unterschiedliche Gänge das Hochzeitsmenü damals hatte und mit welch großer Sorgfalt alles vorbereitet wurde. Da musste man regelrecht aufpassen, dass man sich nicht schon bei der Vorspeise satt isst, sondern noch genügend Platz lässt für die verschiedenen Braten, die es danach noch gab.

Das zweite Kapitel des Johannesevangeliums berichtet uns auch von einer Hochzeit. Freilich, auch das keine „Kaffeehochzeit", sondern eine ausschweifende Feier, ein Fest über mehrere Tage lang. So ist es eben im Orient, wo man noch weiß, wie man richtig feiert, üblich. Sparsam ist man auch dort nicht. Es gibt viel Wein, eine große Auswahl an Speisen, was man eben so braucht, um den „schönsten Tag des Lebens" ausgiebig zu würdigen. Aber die schöne Stimmung scheint zu kippen, als plötzlich der Weinvorrat ausgeht. Auf einmal ist die Gefahr groß, dass die Gäste die Feier verlassen könnten. Was soll man schließlich noch dort, wenn die Verpflegung ausgegangen ist, wenn es nur noch Wasser zu trinken gibt? Auch die schönste Feier geht einmal zu Ende, das ist gewiss. Doch jetzt will man noch feiern, jetzt ist doch noch Zeit, um miteinander das Leben zu genießen.

So tut Jesus sein erstes Zeichen in Kana, in Galiläa, heißt es am Ende der Erzählung vom Weinwunder. Jesus rettet die Feier, endlich gibt es wieder Nachschub, endlich ist wieder Wein da, endlich kann man weiterfeiern. Jesus sei Dank ist die Hochzeit noch lange nicht vorüber. Doch alleine deswegen wird uns diese Geschichte gar nicht erzählt. Es geht um mehr, um einen tieferen Sinn. Der Evangelist Johannes geht ja bekanntlich sehr sparsam mit den Wundererzählungen um und präsentiert uns nur sieben ausgewählte Zeichen, die Jesus tut und in denen sich seine Gottheit enthüllt. Das Weinwunder bei der Hochzeit zu Kana ist das erste Zeichen.

Die Hochzeit selbst ist ein uraltes Bild für die Begegnung zwischen Gott und den Menschen. Wenn Gott sich auf den Menschen einlässt, wenn der Mensch mit seinem Schöpfer wahrhaft in Berührung kommt, dann ist das ein herausragendes Ereignis. Es ist keine traurige Begegnung, die sich dann ereignet, sondern es ist Hoch-Zeit im wahrsten Sinne des Wortes. Das beschreiben schon die Propheten des Alten Bundes. Jesaja zum Beispiel spricht von einem großen Gelage mit erlesenen Weinen und auserwählten Speisen, von einem noch nicht gekannten Festmahl. All das erwartet die Menschen, wenn Gott kommt. Wenn er

kommt, um den Menschen zu begegnen, um ihnen ganz nahe zu sein. Dann gibt es ein großes Fest, dann muss man feiern, weil wir endlich und ein für alle Mal erlöst und befreit sind.
Die Begegnung zwischen Gott und den Menschen bricht in der Person Jesus Christus an. Er ist der Mensch gewordene Gottessohn, der in die Welt kommt, um die Welt zu erlösen, um uns Menschen in die Liebe Gottes einzuladen. Die große Hochzeit zwischen Gott und seinem Volk, die die Propheten für die Zukunft verheißen, sie fängt schon heute an. In Christus dürfen wir Gott selbst begegnen. Wenn wir Christus nahe sind, dann sind wir bei Gott, dann haben wir Anteil an seiner Liebe und seinem Leben. In Jesus von Nazaret kommt Gott selbst in unsere Welt, um sie zu heiligen und von allem Bösen zu befreien.
Das erste Zeichen Jesu, das uns das Johannesevangelium überliefert, weist dadurch auf die Göttlichkeit Jesu hin. Es zeigt, dass die Hochzeit zwischen Gott und seinem Volk schon begonnen hat. Wer die Begegnung mit dem Sohn wagt, der kommt in Berührung mit dem Vater. Der darf

heute schon das große Fest feiern, das wir für das Ende der Zeit glaubend erwarten. Gott kommt uns Menschen in seinem Sohn ganz nahe. Er lässt sich auf uns ein, er schenkt uns seine Liebe. Deshalb dürfen wir feiern, deshalb dürfen wir frohgemut und aufrecht unseren Weg gehen.
Die Begegnung zwischen Gott und uns Menschen ist keine Kaffeehochzeit, bei der man schauen muss, dass man zumindest noch ein Stück Kuchen abbekommt. Sie ist vielmehr ein Fest, bei dem die Fülle Gottes auf uns und unser Leben einströmt. Es gibt nicht nur einen Tropfen Wein, sondern sechs große Krüge, die scheinbar unerschöpflich sind. Das wirkliche Wunder von der Hochzeit zu Kana ist, dass Gott in Jesus Christus in unsere Welt kommt, um uns zu begegnen, um uns nahe zu sein, um uns mit seiner Heil bringenden Gegenwart zu beschenken. Seine Göttlichkeit wird offenbar, wo es im Überfluss gibt und wo wir Menschen eingeladen sind, an diesem göttlichen Überfluss Anteil zu haben.

„SPRICH NUR EIN WORT, SO WIRD MEIN SOHN GESUND …“ –

Joh 4,46-54: Die Heilung eines Beamtensohnes in Kana

Dann kam er wieder nach Kana, in Galiläa, wo er das Wasser zu Wein gemacht hatte. Und dort war ein königlicher Beamter, dessen Sohn in Kafarnaum krank war. Als er hörte, dass Jesus aus Judäa nach Galiläa gekommen war, ging er zu ihm hin und bat ihn, dass er mit ihm hinabginge und seinen Sohn heile, denn er lag im Sterben. Da sagte Jesus zu ihm: Wenn ihr nicht Zeichen und Wunder seht, dann glaubt ihr nicht. Es sagte zu ihm der königliche Beamte: Herr, komm herab, bevor mein Kind stirbt. Jesus sagte zu ihm: Geh, dein Sohn lebt. Der Mensch glaubte dem Wort, das Jesus zu ihm gesagt hatte, und er ging. Während er noch hinabging, kamen seine Diener ihm entgegen und sagten, dass sein Kind lebe. Er fragte sie nach der Stunde, seit der es ihm besser ging. Sie sagten: Gestern in der siebten Stunde verließ ihn das Fieber. Der Vater erkannte, dass es die Stunde war, in der Jesus zu ihm gesagt hatte: Dein Sohn lebt. Und er wurde gläubig, er und sein ganzes Haus. Das war das zweite Zeichen, das Jesus tat, als er von Judäa nach Galiläa hinabgekommen war.

„Sie haben gewonnen!“ Das zumindest verkündet die freundliche Stimme am anderen Ende der Telefonleitung, um sogleich nachzulegen, dass man sich nun als Millionär bezeichnen dürfe. Denn schließlich liegt die Höhe des Gewinns bei mindestens einer Million Euro und manchmal werden dem glücklichen Gewinner sogar noch größere Summen zugesprochen. „Sie haben gewonnen!“ Ein Glückspilz freilich, wem diese Worte gesagt werden. Doch allzu oft steckt hinter diesem vermeintlichen Gewinn nichts anderes als die hinterlistige Absicht irgendwelcher betrügerischer Banden. Und dann hat man am Ende überhaupt nichts gewonnen, sondern eher noch verloren. Denn wenn man sich auf dieses Gewinnversprechen einlässt, kann es leicht sein, dass man zu sogenannten „Kaffeefahrten“ eingeladen wird und dann irgendetwas Unnützes kaufen muss. Dann entpuppt sich der vermeintliche Gewinn schlussendlich doch als Drauflegeschäft. Beim zweiten Zeichen, das Jesus wiederum in Kana, in Galiläa, vollbringt, geht es um den Glauben. Hier steht nicht das kritische Hinterfragen der Worte Jesu im Mittelpunkt, sondern der unerschütterliche Glaube an dieselben. Jenes Vertrauen auf das Wort Jesu ist es nämlich, welches das Wunder vollbringt. Zentral heißt es deshalb in der Erzählung vom zweiten Zeichen: „Der Mensch glaubte dem Wort, das Jesus zu ihm gesprochen hatte." Nicht die eigene Leistung des königlichen Beamten, nicht sein flehentliches Bitten heilt das Kind, sondern sein Glaube, sein Vertrauen auf Jesu Wort und auf dessen erlösende Kraft: „Dein Sohn lebt!"

Die Wunder, die Jesus tut, wollen zum Glauben hinführen, wollen den Glauben in den Menschen wecken. Es scheint ein ganz einfacher Automatismus zu sein: Durch die Zeichen, die Jesus vollbringt, erkennen die Menschen seine Göttlichkeit und glauben deshalb an ihn. So kann man die Wunderberichte des Neuen Testaments lesen. Und Jesus selbst greift ja diese Vorstellung auf und hält den Menschen sogar ein ausgesprochenes Bedürfnis nach Wundern vor. Das ist ein Glaube, der auf das Sensationelle aus ist, der sich an das Große, Überraschende und Unglaubliche

klammert. Ein Glaube, der sich erst dort wirklich verfestigt, wo Jesus seine Göttlichkeit immer und immer wieder demonstriert. Der Glaube, der vom Schauen kommt und sich nie sattsehen kann an den großen Wundern, die der Wanderprediger aus Nazaret vollbringt.
Doch bei der Heilung des Sohnes des königlichen Beamten geht es noch um eine andere Art von Glauben: Es ist der vertrauende Glaube, der Glaube, der alleine vom Hören kommt. Diesen Glauben besitzt der königliche Beamte. Er weiß noch nichts vom Wunder, das sich in seinem Haus ereignet hat. Er hat noch keine Kenntnis davon, dass sein Sohn wirklich wieder lebt. Aber er hört, was Jesus zu ihm sagt. Er vernimmt die Worte des Meisters und er schenkt ihnen Glauben. Er tut die Worte Jesu nicht einfach ab und besteht darauf, erst das Wunder zu sehen, bevor er an ihn glaubt. Der Glaube geht dem Schauen voraus. Er erwächst aus dem gehörten Wort und wird durch das Geschaute später noch bestätigt. Was der königliche Beamte an den Tag legt, das ist wirklicher Glaube, echtes Vertrauen auf Jesus und auf sein Wort.

Das zweite Wunder Jesu, das uns das Johannesevangelium überliefert, ist ein Zeichen, das uns wiederum auf den Glauben verweist. Um das Wunder zu bewirken, braucht es nicht viel. Es genügt, auf Jesus zu hören und seinem Wort zu vertrauen. Das ist alles, was der königliche Beamte tun muss, damit sein Sohn von seiner Krankheit geheilt wird. Es geht nicht um das Aufsehenerregende und die großen Schlagzeilen. Das Wunder beginnt mit dem kleinen, beinahe unscheinbaren Glauben. Mit ihm ist der Grundstock gelegt, damit der Sohn heil wird. Der Glaube allein genügt, um das scheinbar Unmögliche zu bewirken.
Wir tun gut daran, Jesus zu glauben und seinem Wort zu vertrauen. Er ist ja keiner, der uns mit irgendwelchen Versprechen locken will, die am Ende gar nicht stimmen. Er macht uns keine falschen Hoffnungen, von ihm werden wir nicht abgezockt oder über den Tisch gezogen. Er ist es, der will, dass es uns gut geht, dass unser Leben gelingt. Seine Worte sind keine leeren Worte, sondern Worte voller Geist und Leben. Wenn wir ihm glauben, wenn wir ihm bedingungslos ver-

trauen, dann haben wir die Chance, dass es uns ähnlich ergeht wie dem königlichen Beamten, dass sich auch an uns das Wunderbare vollzieht und wir schon in diesem Leben Anteil erhalten am Leben der kommenden Welt. Dazu braucht es nicht viel. Nur unseren Glauben an Jesu Worte, unser Vertrauen, dass er hält, was er verspricht.

„Sie haben gewonnen!" Wer an Jesus glaubt und sich zu ihm bekennt, von dem kann man wirklich und wahrhaftig sagen, dass er oder sie gewonnen hat. Und zwar nicht nur irgendeine Kreuzfahrt oder einen bestimmten Geldbetrag. Als Christen haben wir sozusagen den Hauptgewinn gemacht: Leben in Fülle nämlich, das er für uns bereithält, Jesus Christus, der das Leben ist und der uns sein Leben schenken will, heute und in Ewigkeit.

LEBEN AUS DEM VOLLEN –

Joh 6,1-15:
Die Speisung der fünftausend

Danach ging Jesus an das andere Ufer des Sees von Galiläa, von Tiberias. Es folgte ihm eine große Volksmenge, denn sie sahen die Zeichen, die er an den Kranken getan hatte. Jesus stieg auf einen Berg hinauf und setzte sich dort mit seinen Jüngern. Es war aber nahe das Pascha, das Fest der Juden. Als Jesus die Augen hob und sah, dass eine so große Volksmenge zu ihm gekommen war, sagte er zu Philippus: Woher sollen wir Brote kaufen, damit diese zu essen haben? Dies aber sagte er nur, um ihn zu prüfen, denn er selbst wusste, was er tun wollte. Philippus antwortete ihm: Brot für zweihundert Denare reicht nicht aus, damit jeder nur ein wenig bekommt. Einer seiner Jünger, Andreas, der Bruder des Simon Petrus, sagte zu ihm: Hier ist ein kleiner Junge, der fünf Gerstenbrote und zwei Fische hat. Aber was ist das für so viele? Jesus sagte: Macht, dass die Menschen sich lagern. Es war aber viel Gras an diesem Ort. Es lagerten sich nun die Männer, ungefähr fünftausend an der Zahl. Nun nahm Jesus die Brote, sprach das Dankgebet und teilte sie denen aus, die dort lagerten, ebenso auch von den Fischen, so viele sie wollten. Als sie dann satt waren, sagt er zu seinen Jüngern: Sammelt die übrig gebliebenen Brocken, damit nichts umkommt. Sie sammelten nun und füllten zwölf Körbe mit Brocken von den fünf Gerstenbroten, die von denen, die gegessen haben, übrig geblieben waren. Als die Menschen nun sahen, was für ein Zeichen er getan hatte, sagten sie: Das ist wirklich ein Prophet, der in die Welt kommen soll. Als Jesus nun wusste, dass sie kommen und ihn ergreifen wollten, um ihn zum König zu machen, zog er sich wieder auf den Berg zurück, er alleine.

Essen und Trinken hält Leib und Seele zusammen, so sagt es das Sprichwort. Es scheint, dass gerade in den letzten Jahren das Essen und Trinken auch einen neuen Aufschwung erlebt hat. Viele Menschen legen großen Wert auf das, was sie essen. Es muss „Bio“ sein, möglichst frisch geerntet, vielleicht sogar vegetarisch oder gar vegan. Das Normale ist oft nicht mehr gut genug. Man versucht mit allen Mitteln, jeden Tag aufs Neue das Besondere auf den Tisch zu bringen. Und das muss nicht unbedingt etwas Exotisches sein, allzu oft sind es auch die verborgenen Früchte der heimischen Natur, die den Weg in die Küche gefunden haben. So viele Mühen nimmt man auf sich, um das „perfekte Dinner“ zuzubereiten. Ob man am Ende davon auch satt wird, das ist die andere Frage. Denn das große Geschmackserlebnis wird sehr häufig nur in kleinen Portionen serviert. Schließlich essen die großen Gourmets nicht, um sich vom Kunstwerk aus dem Kochtopf den Bauch vollzuschlagen, sondern um diesen einmaligen Geschmack auszukosten und vollends zu genießen.

Das genaue Gegenteil von diesem Trend zum Gourmetmenü lesen wir im Evangelium von der Speisung der fünftausend. Brot in homöopathischen Mengen gibt es da nicht. Wohl aber so viel, dass alle satt werden und dass am Ende sogar noch reichlich davon überbleibt. Das ist beinahe im wahrsten Sinne des Wortes ein richtiges Gelage, bei dem man sich einmal so richtig satt essen kann. Nein, knausrig geht es nicht zu, dort auf der Wiese am See Genesareth. Vielmehr gibt es im Überfluss, reichlich, ohne Ende, so viel, dass man ruhig noch einen Nachschlag bekommt. Es ist das Wunderbare von der Erzählung der Brotvermehrung: Die Menschen müssen nicht mehr hungern, sie bekommen Nahrung – und das im Überfluss.

Heute befindet sich am Nordufer des Sees Genesareth die Brotvermehrungskirche. Schon in den ersten frühchristlichen Jahrhunderten haben die Pilger, die dort ins Heilige Land gekommen sind, an dieser Stelle einen Stein verehrt, auf dem die fünf Brote und zwei Fische gelegen haben sollen. Eine erste kleine Kirche wurde bald wieder zerstört, der Ort blieb lange in Vergessenheit. Und erst im letzten Jahrhundert wurden bei archäologischen Ausgrabungen wieder der Grundriss der alten Kirche und ihr wundervoller Mosaikfußboden entdeckt. Tagtäglich strömen Pilger aus aller Herren Länder nach Tabgha, in die Brotvermehrungskirche. Sie entzünden an einer der Ikonen in der Kirche eine Kerze oder feiern am Ufer des Sees gemeinsam Eucharistie.

Ob es fünftausend Menschen sind, die am Tag nach Tabgha kommen, das sei dahingestellt. Aber die Pilger heute haben ganz viel mit den Menschen gemeinsam, die sich damals am Ufer des Sees Genesareth um Jesus geschart haben. Die Menschen kommen, um Jesus zu hören. Sie haben die großen Wundertaten gesehen, die er getan hat. Sie haben mitbekommen, wie er die Kranken gesund macht, wie er Dämonen austreibt, wie er mit Vollmacht lehrt. Und nun wollen sie ihn selbst hören. Sie wollen sein Wort mit eigenen Ohren vernehmen. Auch viele Menschen heute wollen das Wort Jesu hören. Nicht nur in Tabgha, im Heiligen Land, sondern überall in unseren Kir-

chen ist das möglich. In jedem Gottesdienst lesen wir aus den heiligen Schriften, hören wir aus dem Evangelium. Jesus spricht zu uns, er sagt uns sein Wort des Lebens zu. Und wir sind eingeladen, darauf zu hören, es aufzunehmen in uns und es an unsere Mitmenschen weiterzusagen.
Die Menschen damals wollen Jesus nahe sein. Sie gehen ihm nach, sie folgen ihm auf Schritt und Tritt vom einen Seeufer zum anderen. Die Sehnsucht treibt sie an, bei Jesus zu sein. Denn sie merken, dass sie bei ihm etwas finden, dass ihnen die ganze Welt nicht geben kann: Leben, Liebe und Hoffnung, das suchen auch die Menschen heute, die zu Jesus kommen und bei ihm sein wollen. Wir haben zwar vieles in unserem Leben, aber so vieles fehlt uns eben auch. Und oft sind es gerade die wichtigsten Dinge, die uns fehlen. Liebe gibt es eben nicht im Supermarktregal. Jesus aber sagt uns zu, all das für uns bereitzuhalten. Denn er ist ja die Liebe und das Leben und er gibt an uns weiter, was er ist. Er behält es nicht knausrig für sich, sondern schenkt uns Anteil an sich.
Die fünftausend finden, was sie suchen. Ihr Hun-

ger nach Leben, nach Liebe und Hoffnung wird gestillt – und zwar ein für alle Mal. Was er für uns Menschen bereithält, das ist nicht nur „Fast Food“ oder ein kleiner Snack für Zwischendurch. Er schenkt uns so viel, dass wir auf ewig nicht mehr zu hungern brauchen. Wer zu Jesus kommt, seine Nähe sucht, auf ihn hört und bei ihm bleibt, der wird wirklich satt. Das Evangelium von der Speisung der fünftausend zeigt uns, dass es sich lohnt, den Weg zu Jesus zu wagen und sich immer wieder seine Gegenwart bewusst zu machen. Bei ihm finden wir, was wir suchen. Bei ihm gibt es nicht nur ein kleines Picknick oder das teure Gourmetessen, das sich sowieso niemand leisten kann. Bei ihm werden wir wirklich satt – auch wenn der Geldbeutel leer ist und die Geschmäcker so unterschiedlich sind. Bei ihm werden wir satt an Leben, an Liebe und an Hoffnung.

OSTERBEGEGNUNG IM MORGENGLANZ –

Joh 21,1-14: Die Offenbarung beim wunderbaren Fischfang

Danach offenbarte sich Jesus noch einmal seinen Jüngern am See von Tiberias – er offenbarte sich so: Es waren Simon Petrus und Thomas, genannt Didymus, und Nathanael, der aus Kana in Galiläa, und die des Zebedäus und zwei andere von seinen Jüngern zusammen. Simon Petrus sagte zu ihnen: Ich gehe weg, um zu fischen. Sie sagten zu ihm: Wir kommen auch mit dir. Sie gingen weg und stiegen hinein in das Boot, aber in dieser Nacht fingen sie nichts.
Aber als bereits der Morgen anbrach, stand Jesus am Ufer, die Jünger wussten aber nicht, dass es Jesus war. Jesus sagte zu ihnen: Kinder, habt ihr nicht Fisch zu essen? Sie antworteten ihm: Nein. Er aber sagt zu ihnen: Ihr müsst das Netz auf der rechten Seite des Bootes auswerfen und ihr werdet etwas

fangen. Sie warfen es nun aus und sie konnten es nicht mehr ziehen, so voller Fische war es.
Es sagte nun einer der Jünger, der, den Jesus liebte, zu Petrus: Es ist der Herr. Als Simon Petrus hörte, dass es der Herr sei, gürtete er sich das Obergewand um, denn er war nackt, und warf sich selbst in den See. Die anderen Jünger im Boot folgten ihm, denn sie waren nicht weit vom Land entfernt, nur etwa 200 Ellen, und zogen das Netz mit den Fischen nach.
Als sie nun ans Land gingen, sahen sie ein Kohlenfeuer und darauf Fisch und Brot. Jesus sagte zu ihnen: Bringt von den Fischen, die ihr gerade gefangen habt. Es ging nun Simon Petrus und zog das Netz ans Land, gefüllt mit 153 großen Fischen, und obwohl es so viele waren, zerriss das Netz nicht.
Jesus sagte zu ihnen: Kommt her und esst. Keiner von den Jüngern traute sich zu fragen: Wer bist du? Sie wussten, dass es der Herr ist. Jesus kam, nahm das Brot und gab es ihnen, auch den Fisch. Das war schon das dritte Mal, dass Jesus seinen Jüngern erschien, seit er von den Toten auferstanden war.

Die Jünger gehen fischen. Sie sind zurück am See Genesareth, an jenem Ort, an dem alles anfing. Weg von ihren Netzen hatte sie ein Mann gerufen und sie waren ihm nachgegangen. Jetzt sind sie wieder hier. Es ist Nacht und sie wissen, dass jetzt die beste Zeit ist, um mit dem Boot hinauszufahren auf das Galiläische Meer und die Netze auszuwerfen. Doch scheinbar ist überhaupt nichts mehr so, wie es vorher war: „In dieser Nacht fingen sie nichts.“ So macht sich Enttäuschung unter ihnen breit. Sie wollen dort anknüpfen, wo sie aufgehört hatten. Aber es funktioniert einfach nicht. Die Netze bleiben leer.
Als die Hoffnungslosigkeit am größten ist, steht plötzlich Er am Ufer. Im Morgengrauen vernehmen sie seine Stimme. Auf sein Wort hin werfen sie die Netze aufs Neue aus und die Jünger können sie nur mit Mühe wieder einholen, so voller Fische sind sie. Ihre Trübsal aber, die ist wie weggeblasen. Von einem Augenblick auf den anderen ergibt alles wieder Sinn. Die Netze sind voll und die Fischer kehren mit einem reichen Fang wieder nach Hause zurück.

Die Begegnung mit Jesus verändert das Leben der Jünger. Das war damals so, als er sie von den Netzen wegrief. Auf einmal waren sie nicht mehr unbekannte Fischer am See Genesareth. Ihr Leben hat sich mit dem Ruf in die Nachfolge radikal verändert. Von jetzt an durften sie den Menschen das nahe gekommene Gottesreich verkünden. Sie heilten Kranke, saßen mit Ausgestoßenen und Geächteten an einem Tisch, aufmerksam hörten sie die Gleichnisse ihres Herrn und Meisters. Und auch jetzt, inmitten der Nacht, als die Jünger resigniert auf ihre leeren Netze starren, bringt die Begegnung mit Jesus Veränderung mit sich. Denn jemand ruft ihnen vom Ufer aus zu. Vielleicht können sie ihn nur schemenhaft erkennen. Doch sie tun, was er ihnen aufträgt. Und am Ende, da brauchen sie nicht einmal mehr zu überlegen, wer der Unbekannte ist. Der Auferstandene drängt sich in ihren Alltag und weckt die Hoffnung auf mehr. Im Glanz der aufgehenden Morgensonne steht er am Ufer, als wäre nie etwas gewesen.

Vielleicht ist das so mit den alltäglichen Begegnungen mit dem auferstandenen Herrn. Dass sie

sich einfach ereignen und aus dem Nichts plötzlich Er am Ufer des Lebens steht. Dass Er uns etwas zuruft und wir es eigentlich gar nicht so recht verstehen. Vielleicht ist die Erzählung vom reichen Fischfang doch so realistisch, weil sie von einer alltäglichen Begebenheit erzählt. Sie ist richtig menschlich. Es geht um Enttäuschung, um Resignation, um Traurigkeit und um die Suche nach neuen Perspektiven – Emotionen und Gefühle, die jeder nur zu gut kennt. Und überhaupt, was wäre das für eine Geschichte, wenn das Netz sofort und auf Anhieb bis zum Bersten voll wäre? Wo käme dann unser suchendes Leben vor, dessen Netze so häufig gähnend leer sind? Und wo wäre der Platz für unsere Sehnsucht nach Erfüllung, nach Liebe und Leben?
Die Begegnungen der Jünger mit Jesus sind so einfach und zugleich so tiefgründig. Sie ereignen sich mitten im Alltag und besitzen doch die Kraft, das Leben völlig auf den Kopf zu stellen. Sie geschehen unerwartet. Mitten in der Nacht, als die Netze leer sind. Da steht Er am Ufer und ruft. Da wartet Er schon mit Brot und Fischen, um die

Fischer nach harter Arbeit zu stärken. Sie können Ihm nichts bringen, aber Er macht sie satt und lässt sie ausruhen.

Die österliche Begegnung mit dem Auferstandenen kann auch in unserem Leben stattfinden. Er bricht auch unseren Alltag auf. Gerade dann, wenn wir mit uns selbst und unserem eigenen Scheitern beschäftigt sind, ruft Er vom Ufer her. Inmitten der dunklen Lebensnacht steht Er im Glanz des aufgehenden Morgens. Auch wenn wir Ihm nichts geben können, weil die Netze leer geblieben sind, schenkt Er uns seine Nähe. Dann gibt Er uns Nahrung und lässt uns zur Ruhe kommen. Dann spricht Er uns sein Wort zu, das voller Leben und Liebe ist. Dann werden die Netze voll, weil Er den Alltag verwandelt und unser Leben mit seinem österlichen Leben erfüllt.

FOTOS

Titelbild: Kapelle „Mensa Domini“ in Tabgha am See Genesareth
Seite 8: © PROMA/Fotolia
S.16: Tel Dan in Galiläa © mauritius images/Hanan Isachar/Alamy
S.24: Wadi Amud © mauritius images/Hanan Isachar/Alamy
S.32/33: See Genesareth © max shamota/Shutterstock
S.34: Überreste der Synagoge von Kafarnaum © malajscy/Fotolia
S.42: © mauritius images/imageBROKER
S.50/51: Domus Galilaeae am Berg der Seligpreisungen © Yevgenia Gorbulsky/Fotolia
S.52: Synagoge von Kafarnaum © orinocoArt/Fotolia
S.60: Blick vom Berg Arbel auf den See Genesareth © graceenee/Fotolia
S.68/69: Die griechisch-orthodoxe Kirche nahe der Taufstelle Jesu © ClaraNila/Fotolia
S.70: Feigenbaum © BarthFotografie/Shutterstock
S.78: Fisch und Brot auf einem Wegweiser aus Stein in Dalmanutha, Tabgha am See Genesareth © mauritius images/imageBROKER/Dr. Wilfried Bahnmüller

S.86/87: Kirche nahe der Taufstelle Jesu © Bill Perry/Fotolia
S.88: Die römisch-katholische Kirche der Erweckung des Jünglings von Naïn © Ori~/Wikimedia
S.96: Die griechisch-orthodoxe Kirche St. George in Kana © mauritius images/Hanan Isachar/Alamy
S.104: Ruinen aus römischer Zeit am See Genesareth © RnDmS/Shutterstock
S.112: Die Brotvermehrungskirche in Tabgha © studiodr/Fotolia
S.120: Fischerboote auf dem See von Tiberias © ChaidanThai/Shutterstock